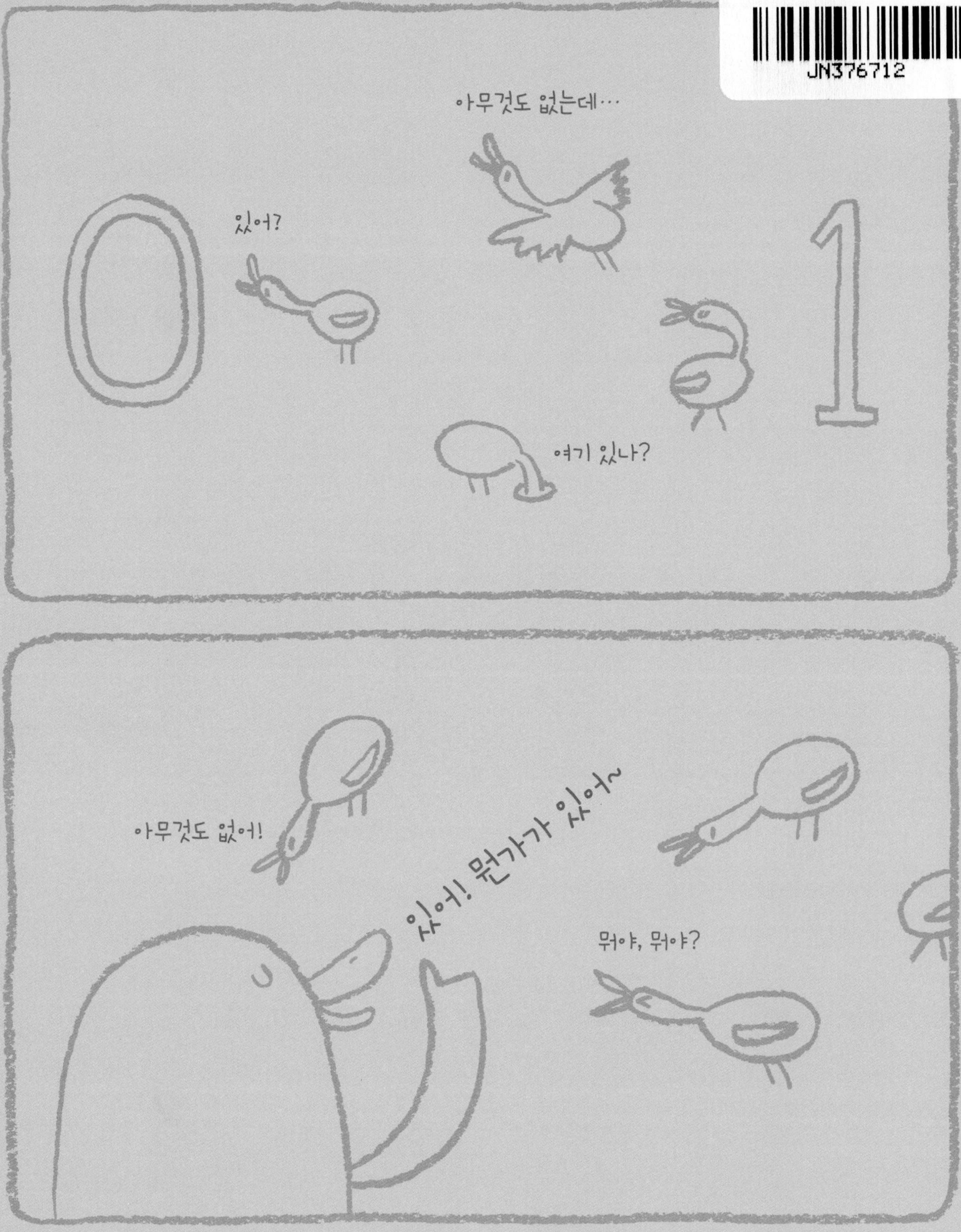

만만한수학4
분수가 뭐야?

초판 1쇄 발행 2020년 3월 15일 | 초판 10쇄 발행 2025년 3월 25일
글 김성화·권수진 | 그림 한성민 | 책임편집 전소현 | 편집 이은희 | 디자인 하늘·민
펴낸이 전소현 | 펴낸곳 만만한책방 | 출판등록 2015년 1월 8일 제 2015-000008호
주소 서울 마포구 토정로 222 한국출판콘텐츠센터 305호 | 전화 070-5035-1137 | 팩스 0505-300-1137
전자우편 manmanbooks@hanmail.net | 인스타그램 instagram.com/manmani0401
ISBN 979-11-89499-09-9 74410 | 979-11-960126-0-1 (세트)
ⓒ 김성화, 권수진, 한성민 2020

이 책은 저작권법에 따라 한국에서 보호받는 저작물이므로 무단전재와 무단복제를 금지하며, 이 책 내용의 전부 또는 일부를 이용하려면 반드시 저작권자와 만만한책방의 서면 동의를 받아야 합니다.
이 도서의 국립중앙도서관 출판시도서목록(CIP)은 e-CIP홈페이지(http://nl.go.kr/cip.php)와 국가자료공동목록시스템(http://www.nl.go.kr/kolisnet)에서 이용하실 수 있습니다. (CIP제어번호: CIP2020006603)
잘못된 책은 바꾸어 드립니다. 책값은 뒤표지에 있습니다.

제품명 아동도서 | **제조년월** 2025년 3월 25일 | **사용연령** 7세 이상
제조사명 만만한책방 | **제조국명** 대한민국 | **전화번호** 070-5035-1137
주소 서울 마포구 토정로 222 한국출판콘텐츠센터 305호
KC마크는 이 제품이 공통안전기준에 적합하였음을 의미합니다.

⚠ **주의**
종이에 베이거나 긁히지 않도록
조심하세요. 책 모서리가 날카로우니
던지거나 떨어뜨리지 마세요.

만만한수학
분수가 뭐야?

김성화 · 권수진 글 | 한성민 그림

만만한책방

이제 너는 굉장한 수를 배울 거야.

처음 보는 수!

놀라운 수!

어어어어어어어어어어어어어

커다란 게 굴러와!

이게 뭘까?
수로 말해 봐!

"수박이잖아."
"반이잖아!"

"맛있겠다!"
수로 말해야 한다니까!

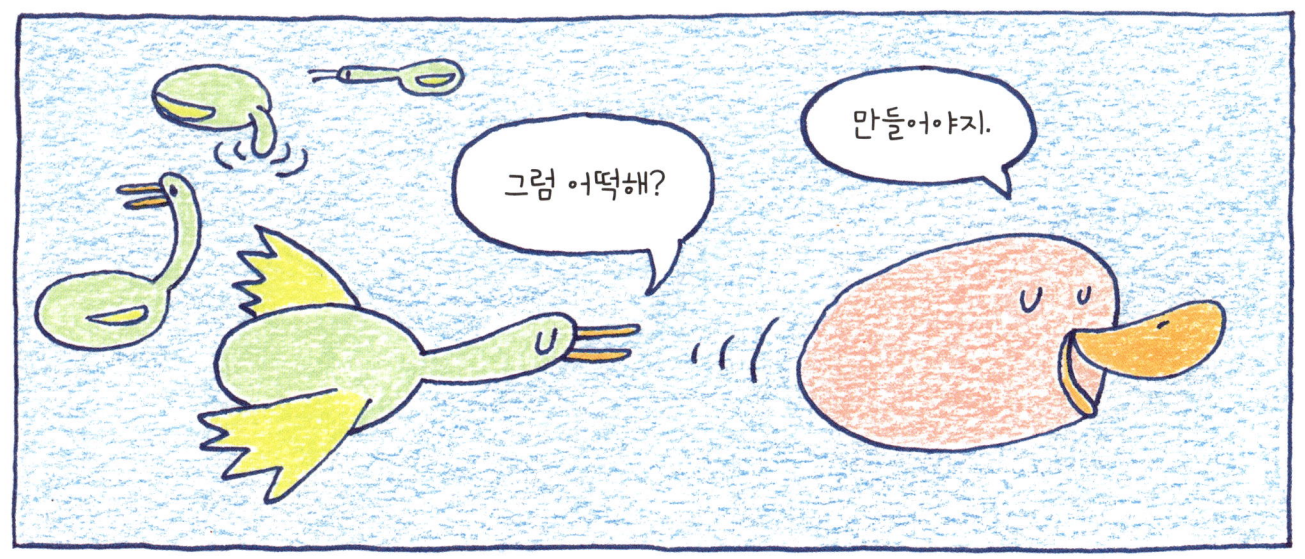

수가 필요해.
수를 만들어.
지금까지 없었던 수
놀라운 수!

수학자가 수를 가지고 수를 만들어.
수학은 새로운 수를
자꾸자꾸 만드는 거야.
수를 상상해!
수를 발명해!

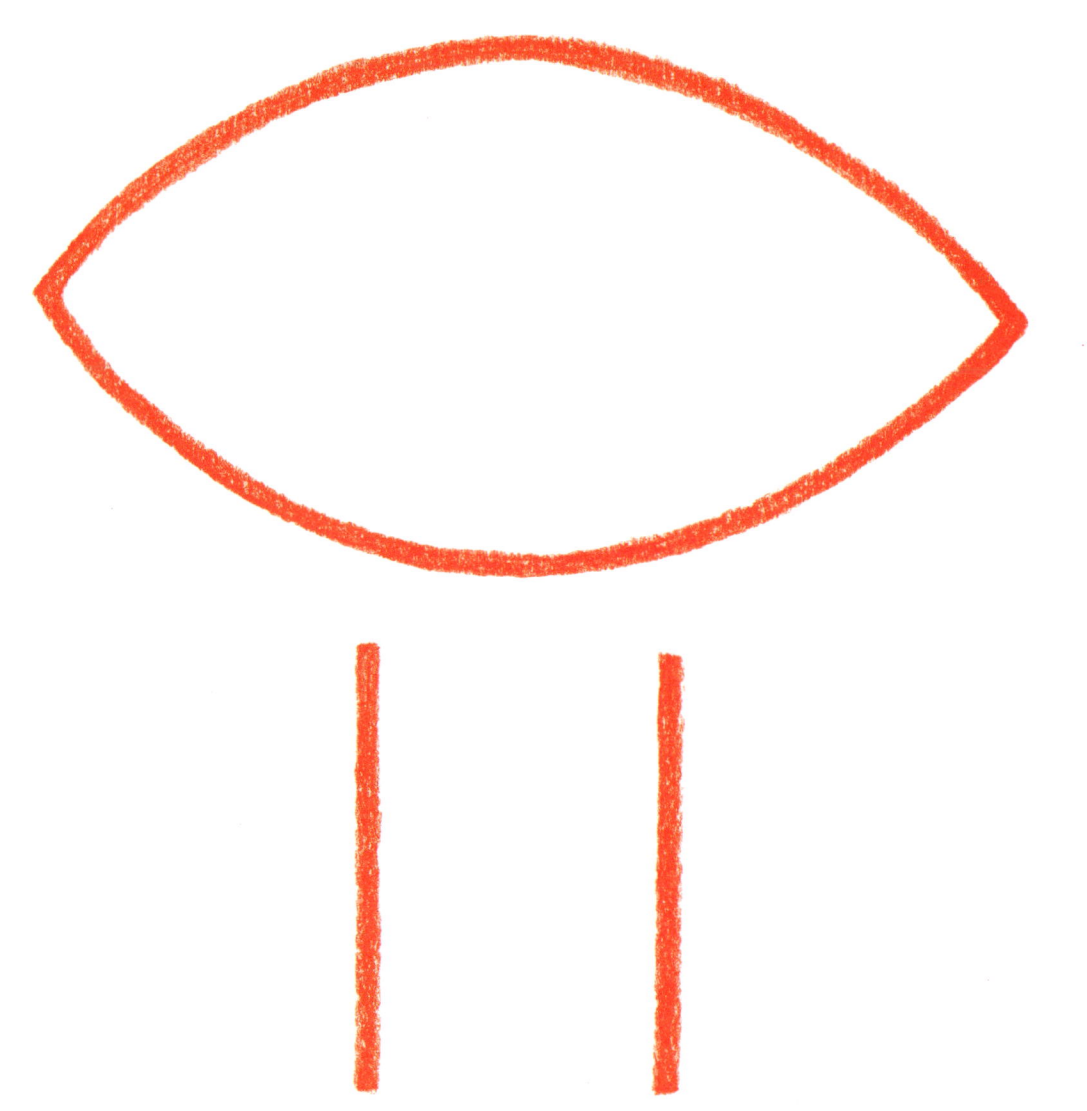

"푸하하하!"
"이게 뭐야?"

수야!

"수가 왜 이렇게 생겼어?"

"외계인 수학이야?"

지구인 수학이야!

옛날옛날에 이집트 최고의 수학자가 그린 거야.

똑같이 둘로 나눈 것 중에서 한 개라는 뜻이야.

지금은 이렇게 그려!

$$\frac{1}{2}$$

우아~

2층이야?

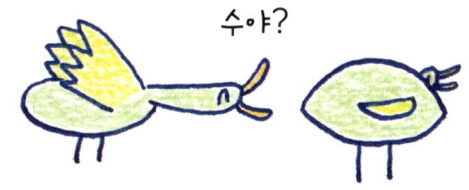

똑같이 2개로 나눈 것 중에서
1개라는 뜻이야.
2분의 1

수학자들이 벌써 약속해 버렸어!

한가운데 줄을 긋고	똑같이 몇 개로 나누었는지 아래쪽에 써.	그중에서 몇 개인지 위쪽에 써.
—	$\frac{}{2}$	$\frac{1}{2}$

새로운 수야.

2분의 1.

분수가 생겼어!

"분수가 뭐야?"
똑같이 나눌 때 쓰는 수야!
똑같이 2개로 나눌 수도 있고
3개로 나눌 수도 있고
100개로 나눌 수도 있어.
분수는 세지 않아.
전체에서 얼마인지
단박에 알아!

똑같이 2개로 나눈 것 중에서 1개.

똑같이 3개로 나눈 것 중에서 1개.

똑같이 100개로 나눈 것 중에서 1개.

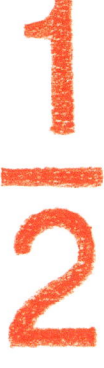

"이게 뭐야?"

9억9천9백9십9만9천9백9십9분의 1이야!

"9억9천9백9삐뽀삐빵꾸똥꾸?"

"푸하하하하하하하하."

"뭐야, 뭐야?"

수박을 똑같이 9억9천9백9십9만9천9백9십9개로
나눈 것 중에서 1개라는 뜻이야.

수박을 잘라!

자르고

자르고

자르고

자르고

………

자르고—　자르고—　　자르고—　　　자르고—

9억9천9백9십9만9천9백9십9개로 잘라!
"어떻게 잘라?"
진짜로는 못 해.
수학자가 되어서 머릿속으로 하는 거야.
수박을, 빵을, 색종이를, 구름을
똑같이 똑같이 똑같이 똑같이……
끝없이 나눠!

"어-어-어-어-어-어-어-어-어-어-어-어-"
"이게 뭐야?"

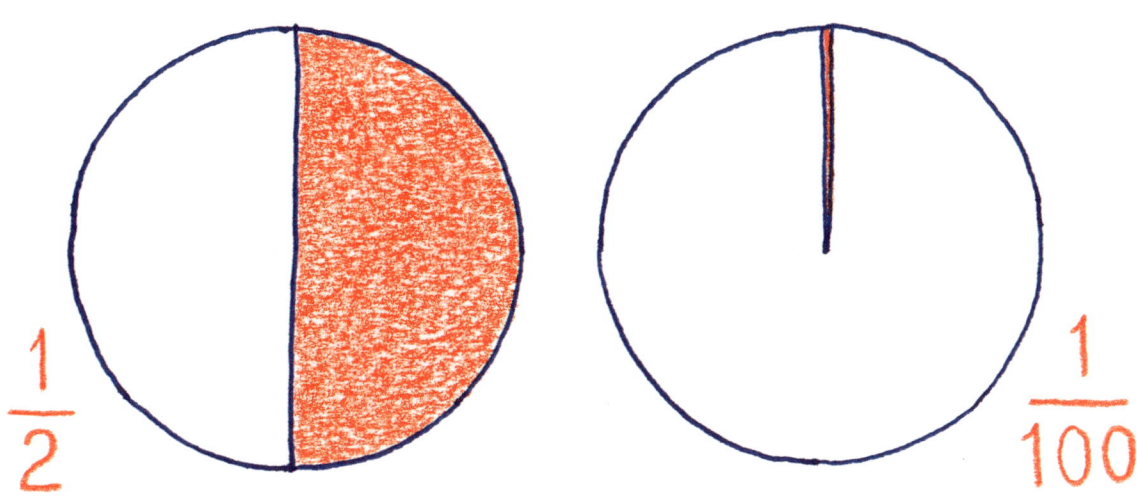

100분의 1이 2분의 1보다
훨씬 훨씬 훨씬 작아!

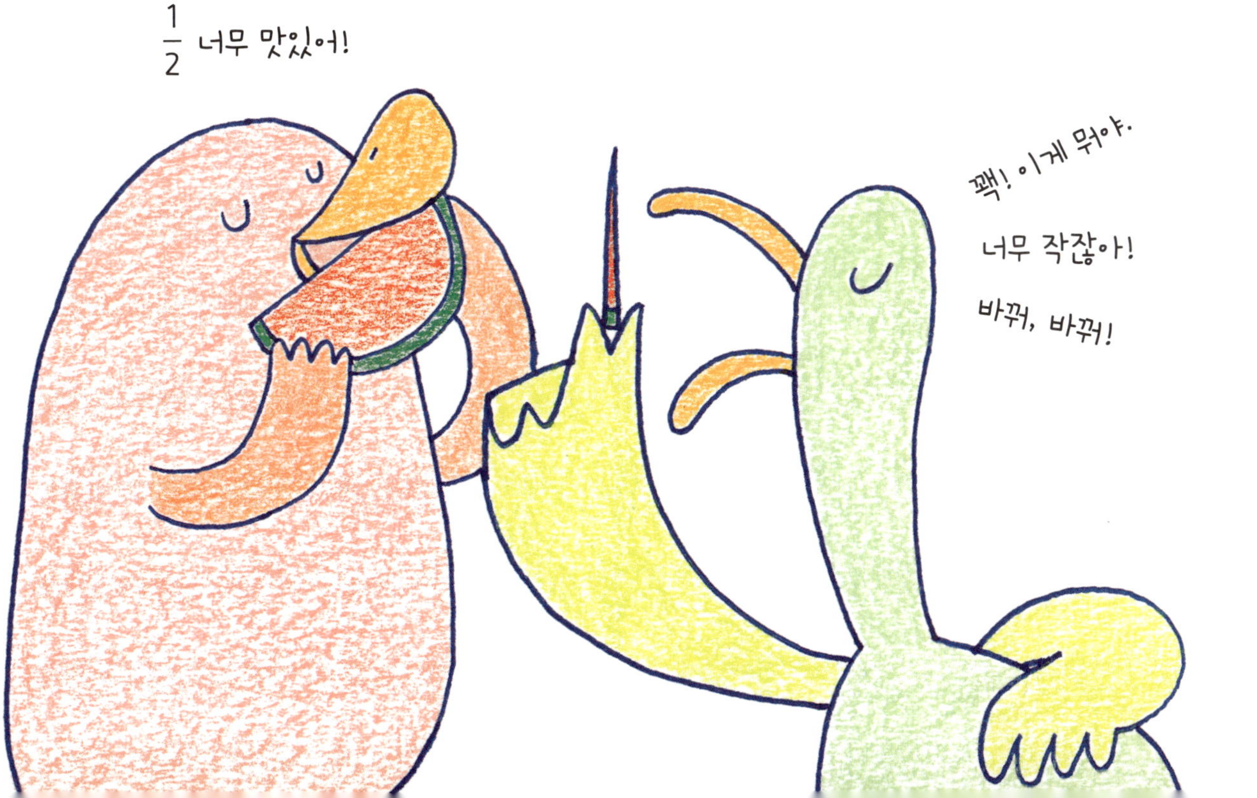

$\frac{1}{2}$ 너무 맛있어!

꽥! 이게 뭐야.
너무 작잖아!
바꿔, 바꿔!

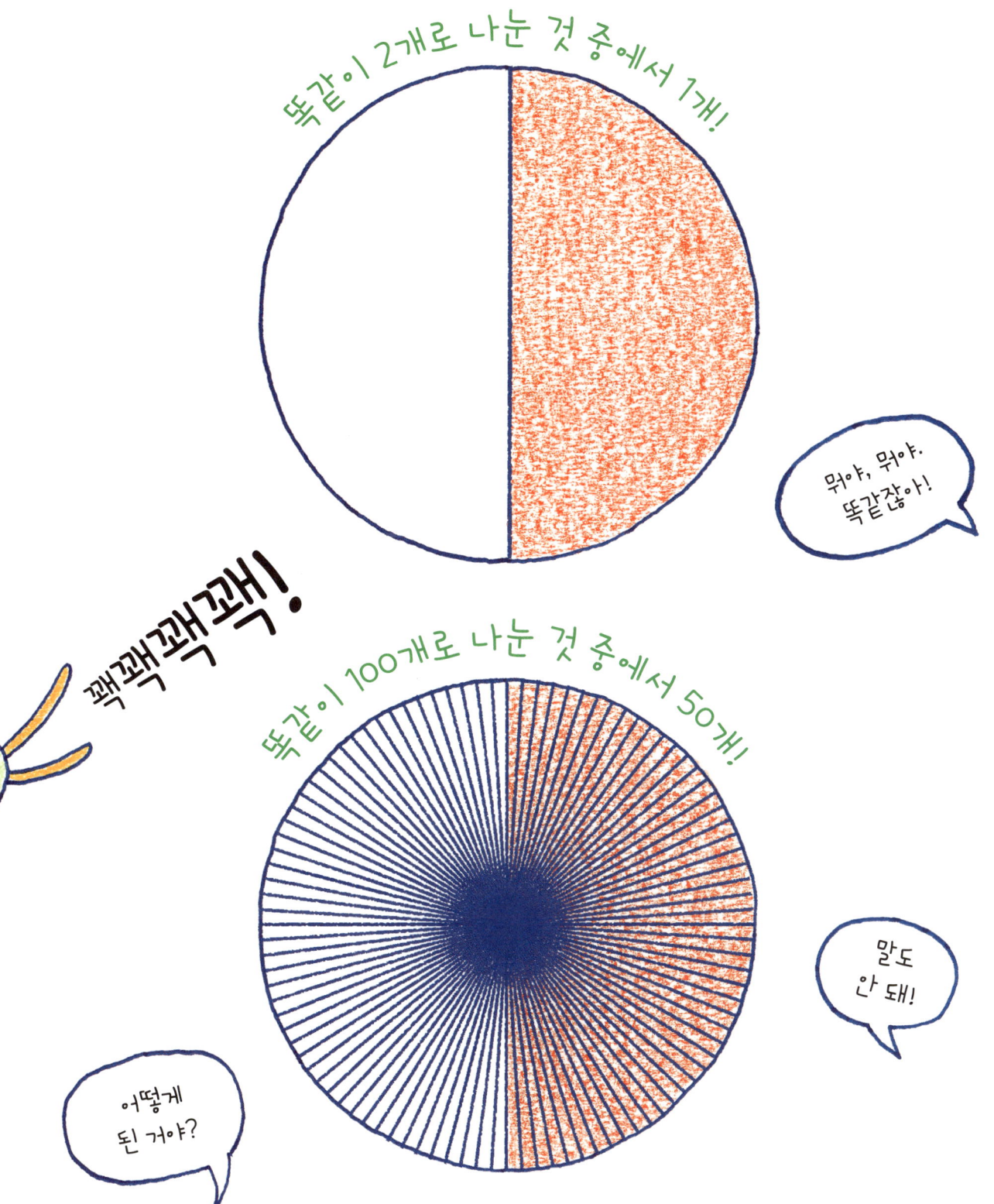

분수는 숫자가 크다고 더 크지 않아.
똑같이 몇 개로 나눴는지
그중에 몇 개인지
그림으로 그려야 돼.
그림을 그려!

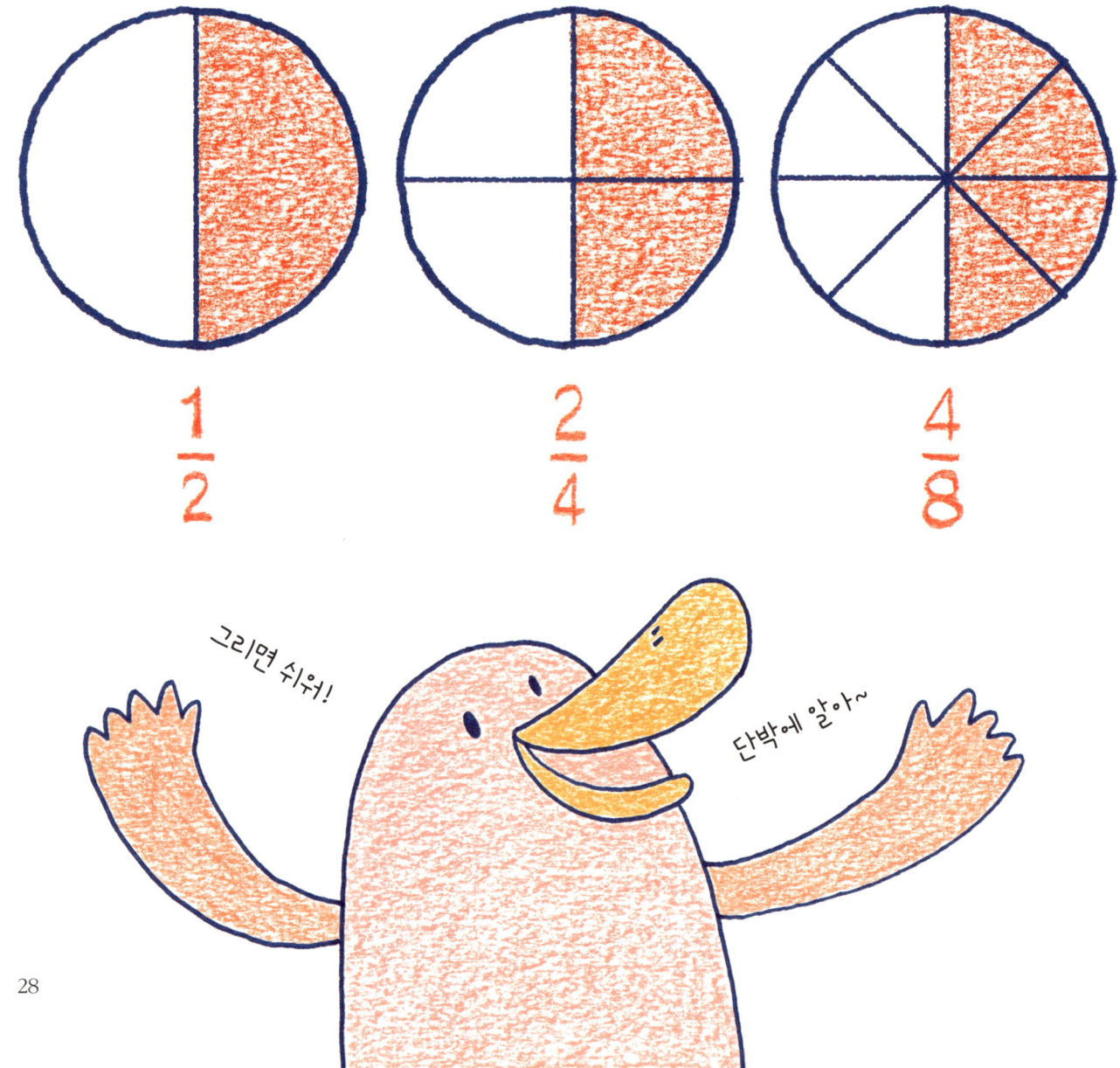

분수가 이상해!
숫자가 달라도
양이 같아.
숫자가 달라도
크기가 같아.

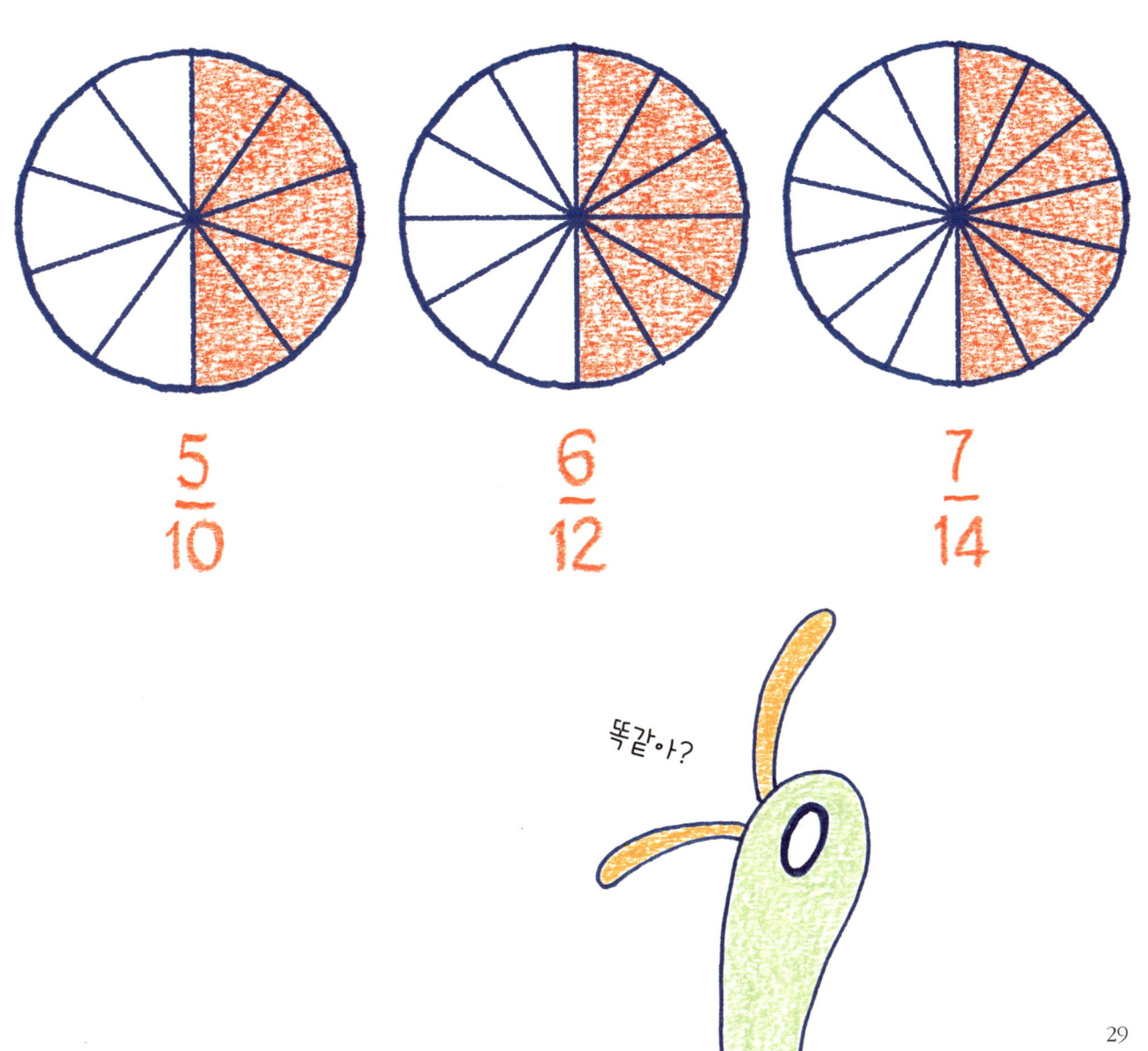

$\frac{5}{10}$　　　$\frac{6}{12}$　　　$\frac{7}{14}$

똑같아?

크기가 똑같은 분수는 아주 많아.
크기가 똑같은 분수는 끝이 없어.
"끝이 없어?"
끝이 없어!

너무 이상해.

끝이 없어?

$\frac{29}{58}$　$\frac{30}{60}$

$\frac{2}{4}$　$\frac{23}{46}$

$\frac{16}{32}$　$\frac{17}{34}$　$\frac{18}{36}$

$\frac{10}{20}$　$\frac{11}{22}$　$\frac{12}{24}$

$\frac{4}{8}$　$\frac{5}{10}$　$\frac{6}{12}$

분수에 분수를 더하면 뭐가 나올까?

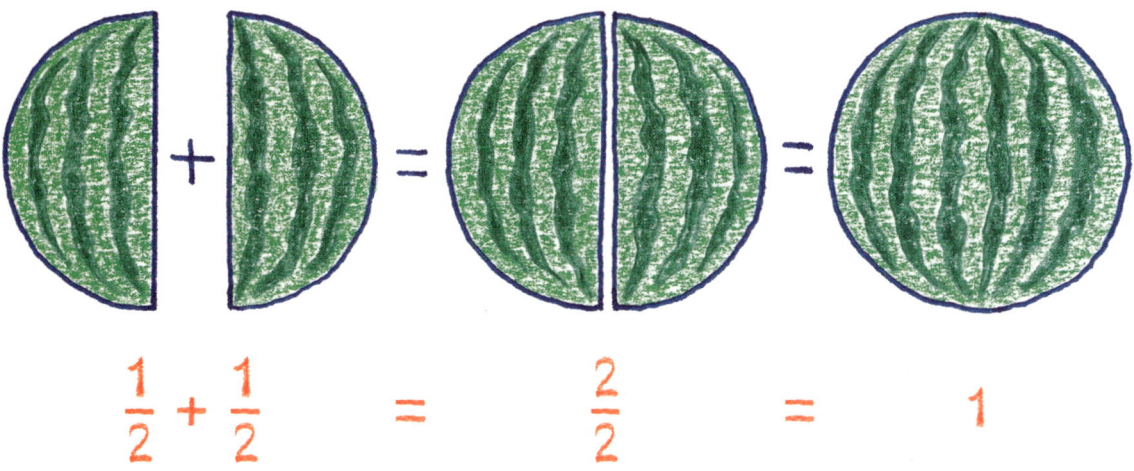

$$\frac{1}{2} + \frac{1}{2} = \frac{2}{2} = 1$$

똑같이 나누고 모두 합치면

전체가 돼.

하나가 돼.

1

꽥! 맛있겠다~ 커다란 수박 한 통! 오예~

크기가 달라도
모양이 달라도
더할 수 있어.
$\frac{1}{2} + \frac{1}{3}$은 얼마일까?

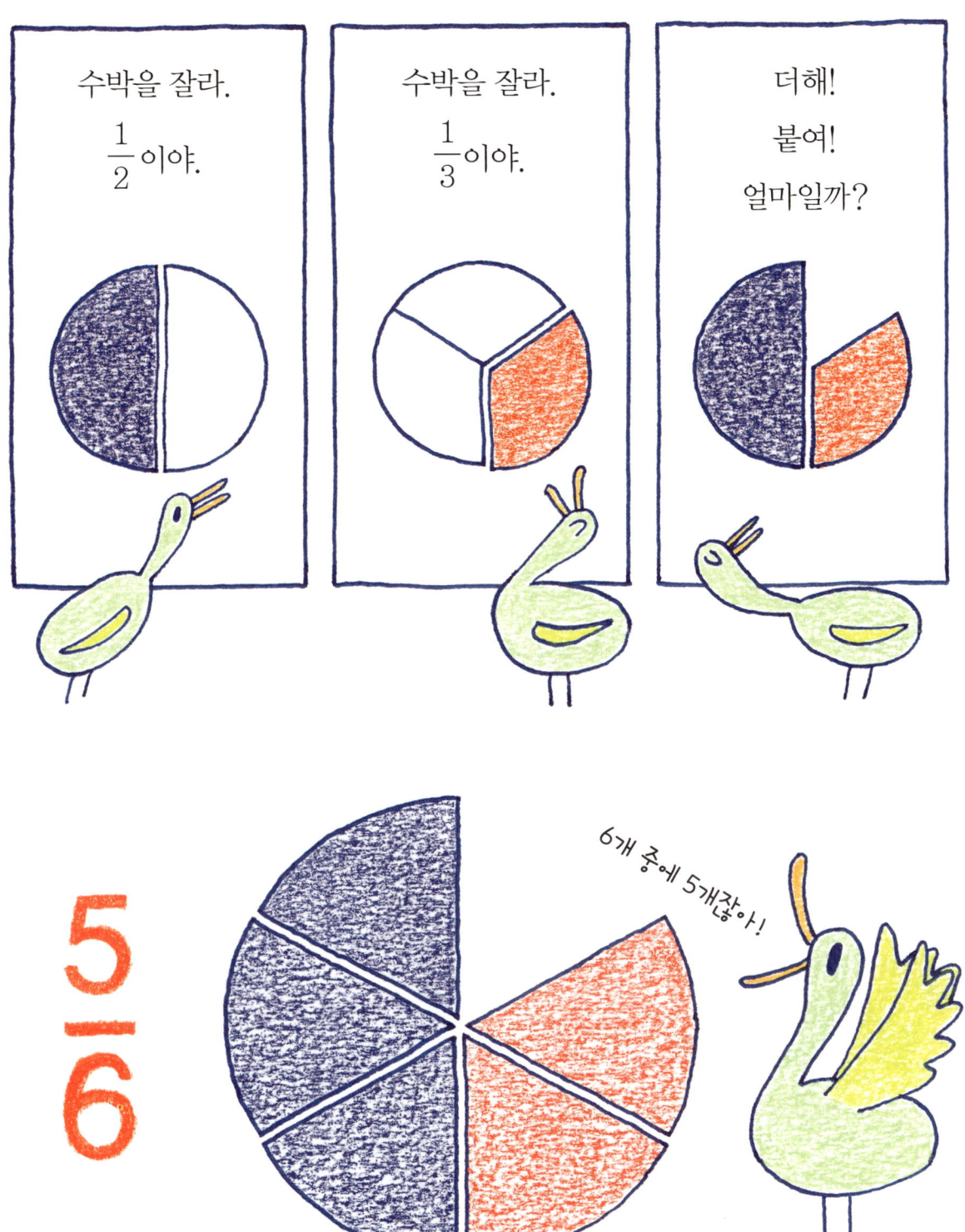

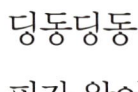

딩동딩동!
피자 왔어요.
"피자가 세 판이네."
"오리는 네 마리인데."
똑같이 나눠.
똑같이 먹어.
"똑같이?"
똑같이!
"꽥꽥꽥꽥?"
"꽥꽥꽥꽥!"

오리 네 마리 피자 세 판.
오리에게 피자를 나눠 줘.
똑같이! 똑같이!

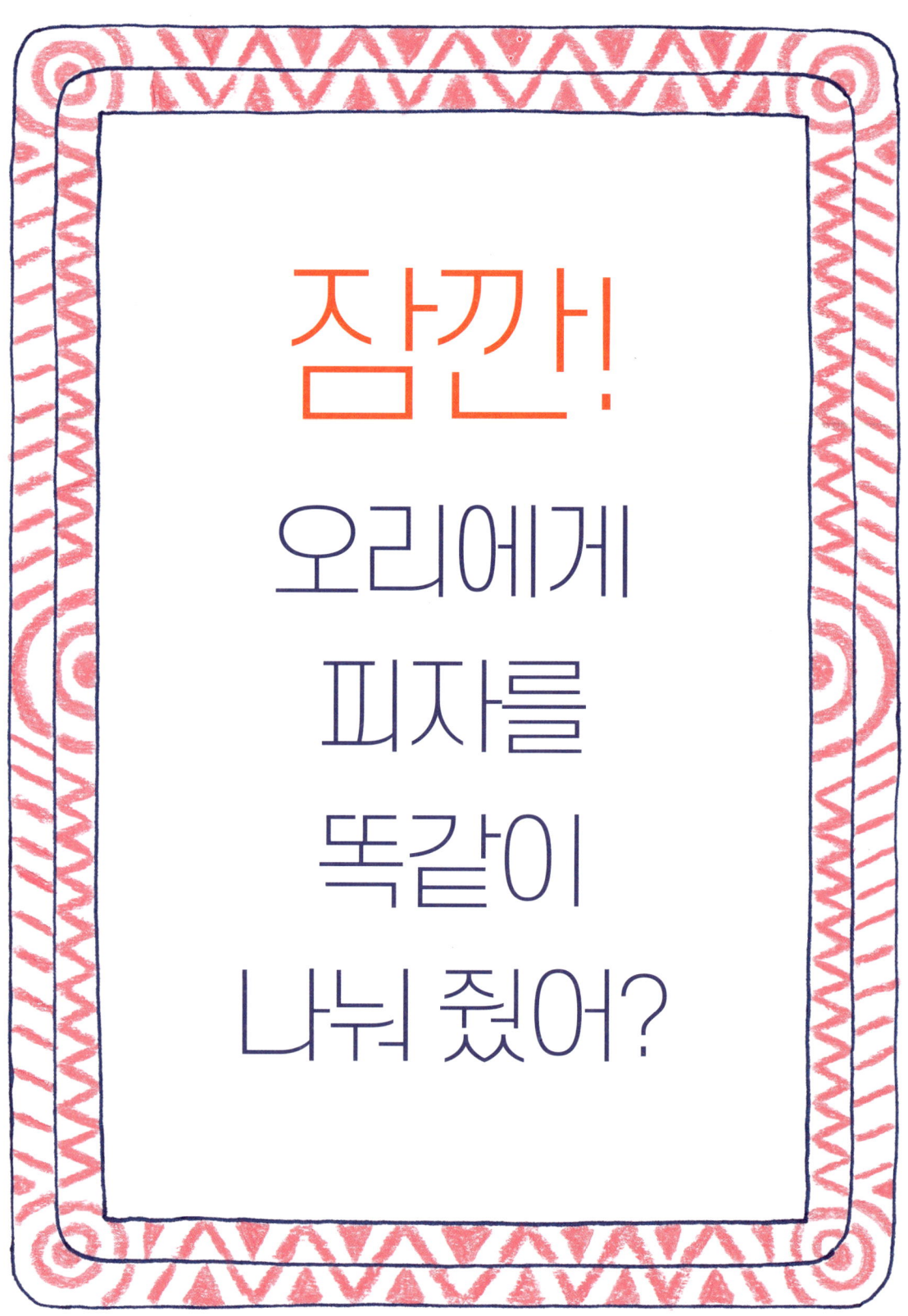

어떻게 했어?
"피자를 모두 네 조각으로 잘라!"

그리고 하나씩 하나씩 하나씩 먹으면 돼!

피자 한 판마다 $\frac{1}{4}$조각씩!

대단해! 대단해!

모두모두 똑같이 나누어 먹었어.

"꽥!"

"무슨 일이야?"

"엄마가 또 알을 낳았대!"

"열두 개야."

"꽥꽥꽥꽥꽥꽥꽥꽥꽥꽥꽥꽥!"

오리 한 마리가 알을 몇 개씩 돌보면 될까?

엄마 시장 갔다 올게~
동생 잘 돌봐 줘~

오리가 네 마리.
알이 열두 개.

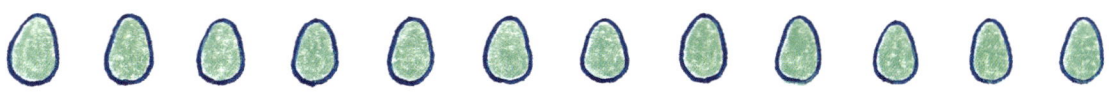

오리에게 알을 나눠 줘.
똑같이! 똑같이!

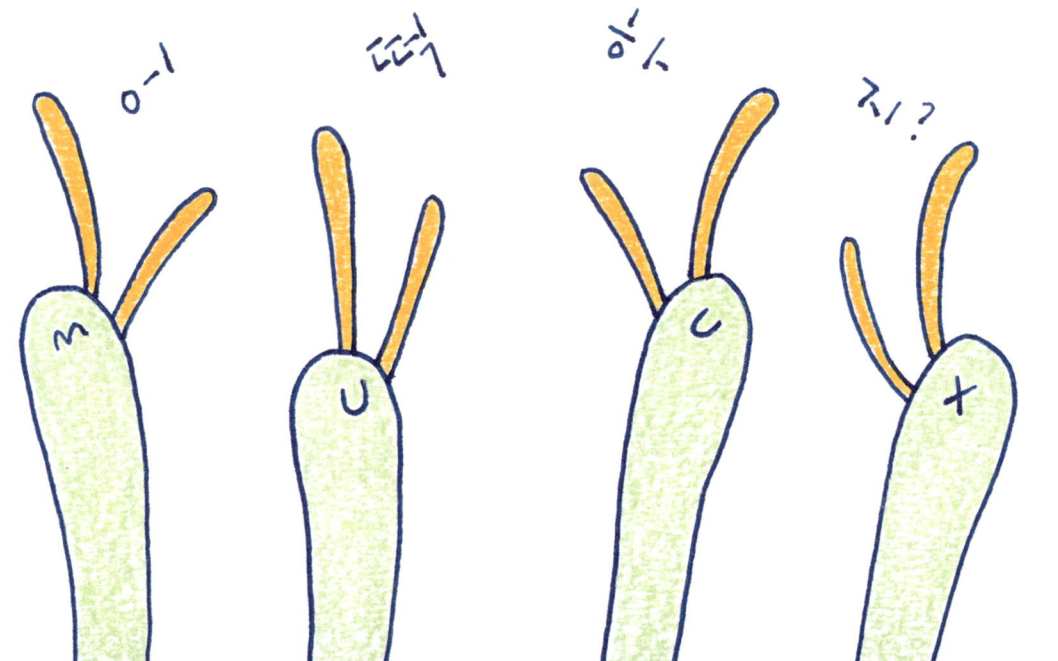

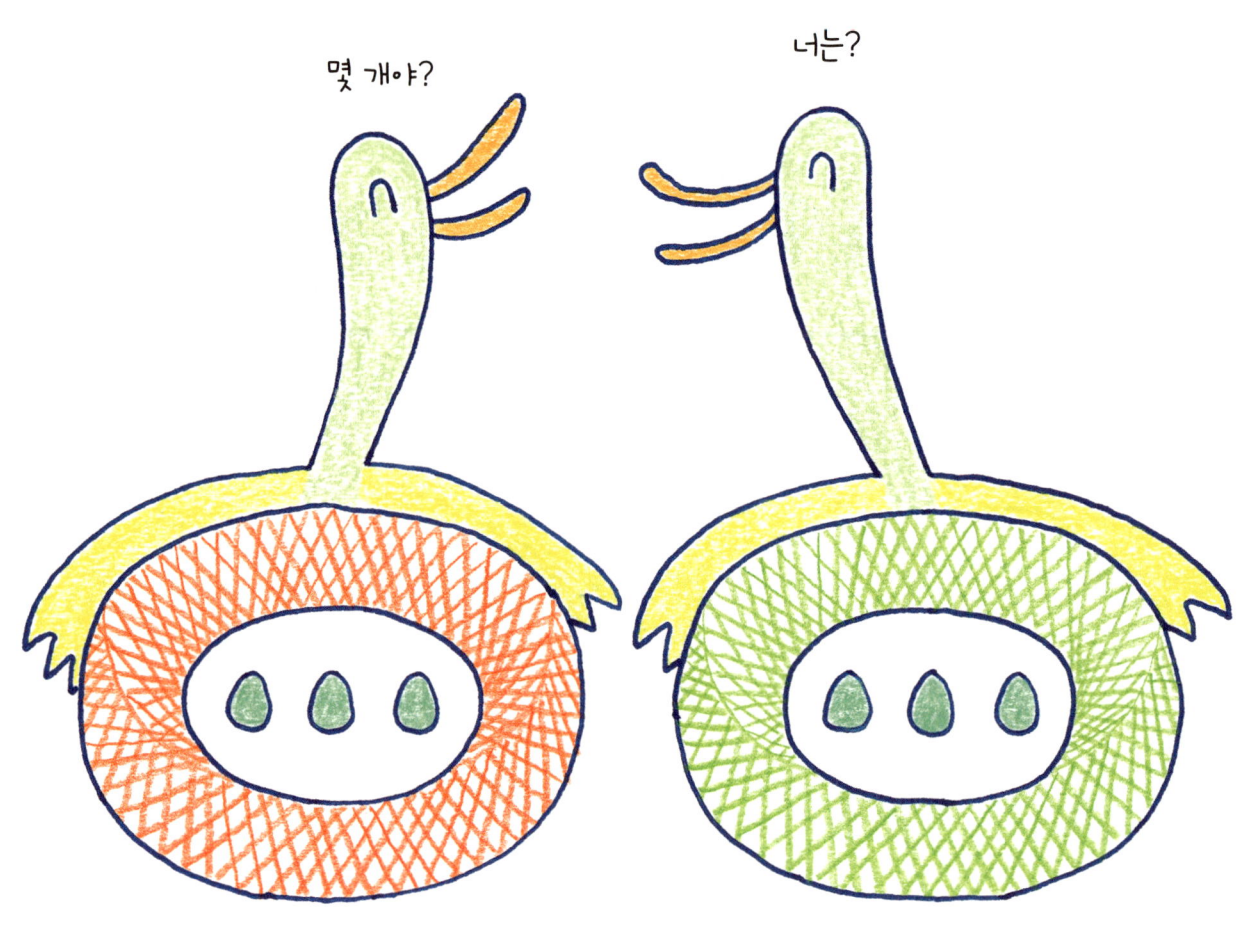

오리 한 마리가 알을 ☐ 개씩 돌보면 돼!

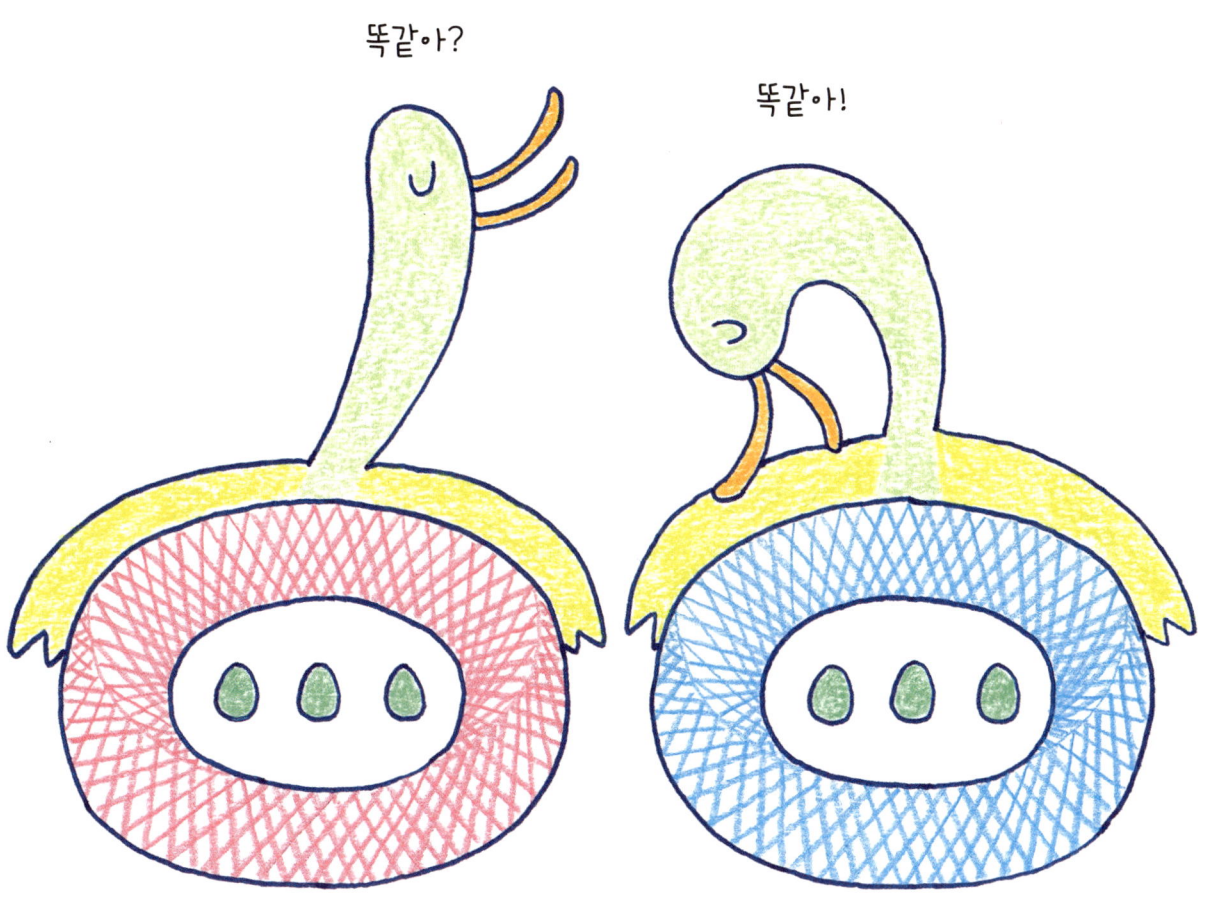

12개 중에서 ☐ 개씩 $\frac{3}{12}$이야.

"휴~ 분수가 있어서 다행이야."
분수는 공평해.
똑같이 나눠.
똑같이 가져.
사이좋게!
공평하게!

옛날옛날에 디오판토스 할아버지가 중얼중얼
2분의 1, 3분의 1, 5분의 1······.
디오판토스 할아버지는 분수를 좋아해.
분수로 말하고 분수로 꿈을 꿔.
디오판토스 할아버지의 무덤에는
할아버지가 낸 수수께끼가 적혀 있어.

수학자가 수를 만들어.

1, 2, 3, 4, 5, 6, 7, 8, 9……

수를 가지고 수를 발명해.

옛날에는 없었던 수

놀라운 수.

수박을 똑같이 잘랐을 뿐인데

이상한 수가 튀어나왔어.

$\frac{1}{2}, \frac{1}{3}, \frac{1}{4}, \frac{1}{5}, \frac{1}{6}, \frac{1}{7}, \frac{1}{8}, \frac{1}{9}$……

자르고 자르고 자르고 자르고……

분수가 끝이 없어.

수학자는 끝없이 끝없이 끝없이 작은 수를 상상해.

$$\frac{1}{100000000000000000000000000000000000000}$$

끝없이 작은 수를 상상하다가

 놀라운 수학을 발명해.

분수를 따라 또또또또 튀어나왔어!

수학자들이 술렁술렁 수군수군

 분수를 따라

새로운 수가 또또 생겨나.

분수가 생겨서 수학자는 할 일이 많아.

수박을 잘라. 쿵!

얼마일까?

글쓴이 김성화 · 권수진

수학이 뭘까? 수학자는 무얼 할까?
아이들과 이야기하고 싶어서 〈만만한수학〉을 썼어요. 돼지와 감자와 땅콩과 지렁이와 콩벌레와 오리너구리와 오리들과 함께 열심히 고민했어요.
〈점이 뭐야?〉〈2 주세요!〉〈원은 괴물이야!〉〈분수가 뭐야?〉〈고양이가 맨 처음 cm를 배우던 날〉〈미래가 온다, 로봇〉〈미래가 온다, 인공 지능〉들을 썼어요.

그린이 한성민

책을 좋아하고 그림책을 좋아해요. 디자인과 일러스트레이션을 하다 그림책의 매력에 빠져 그림책 작가가 되었어요. 동물과 식물, 자연과 지구 환경 문제에 관심이 많아 생활 속에서 작은 실천을 통해 지구를 살리기 위해 노력해요. 〈만만한수학〉을 만나 이제는 수학자가 되어 볼까 맨날맨날 고민해요. 〈점이 뭐야?〉〈2 주세요!〉〈원은 괴물이야!〉〈분수가 뭐야?〉에 그림을 그리고, 〈빨간지구만들기 초록지구만들기〉〈행복한 초록섬〉〈안녕! 만나서 반가워〉〈안전 먼저!〉들을 그리고 썼어요.

만만한수학

1 점이 뭐야?
2 2 주세요!
3 원은 괴물이야!
4 분수가 뭐야?
5 그래프가 뭐야?(출간예정)
6 무한호텔(출간예정)

〈만만한수학〉시리즈는 계속됩니다.

정답!

34페이지 $\frac{2}{3}, \frac{3}{3}, \frac{3}{4}$ 35페이지 $\frac{4}{4}, \frac{5}{5}, \frac{5}{6}$ 46페이지 3   47페이지 3

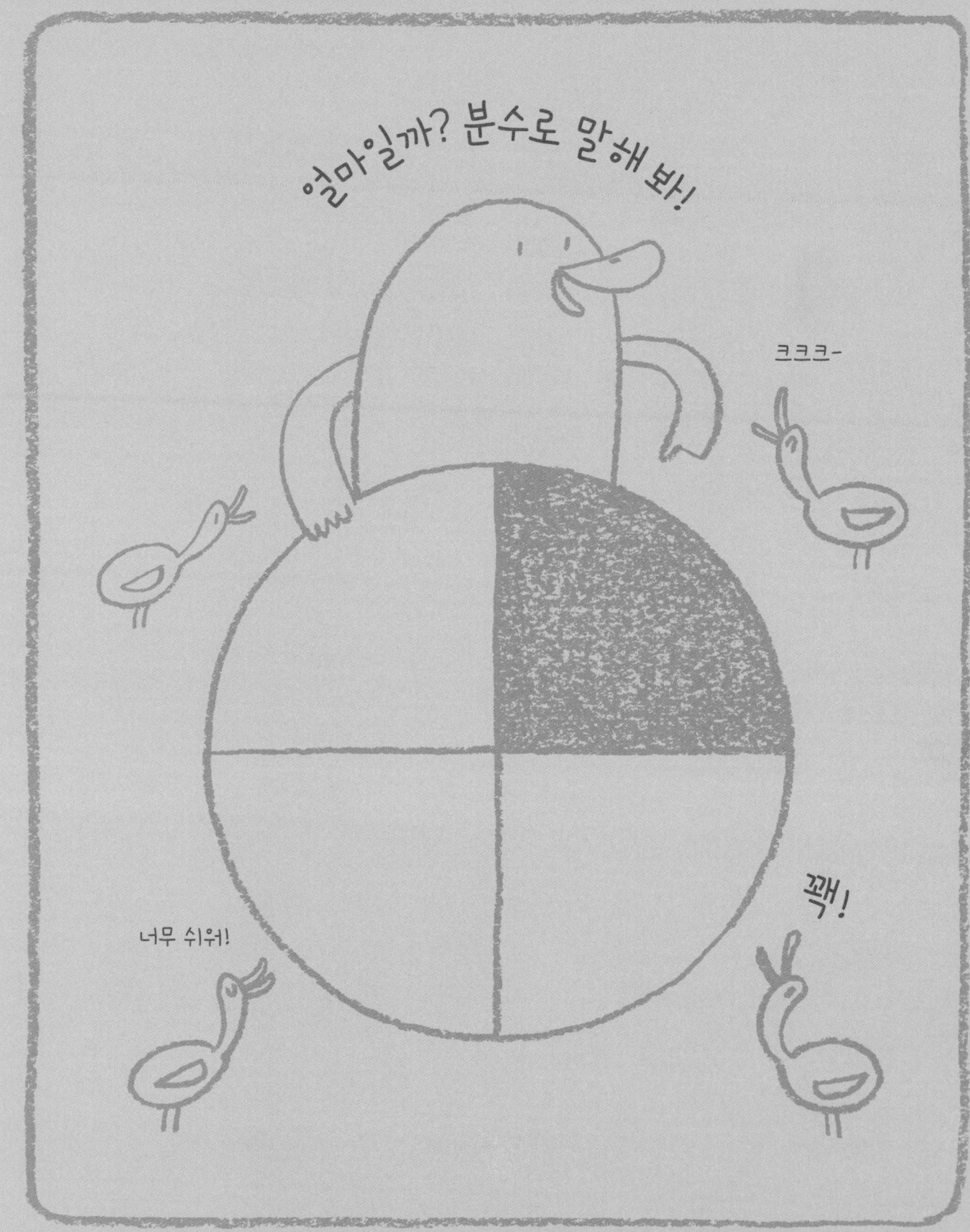